З.Н. Потапур
С.А. Камен
А.В. Трепал

Первый космонавт

Комплексное учебное пособие
для изучающих русский язык
как иностранный

РЯ
РУССКИЙ ЯЗЫК
КУРСЫ

Москва
2013

УДК 811.161.1
ББК 81.2 Рус-96
П64

П64 Потапурченко, З.Н.
Первый космонавт: комплексное учебное пособие для изучающих русский язык как иностранный / З.Н. Потапурченко, С.А. Каменская, А.В. Трепалина — М.: Русский язык. Курсы, 2013. — 32 с.

ISBN 978-5-88337-207-9

Учебный комплекс «Первый космонавт» посвящён жизни и деятельности Юрия Алексеевича Гагарина и входит в серию «Золотые имена России». Он состоит из видеофильма и книги для чтения, адресованных всем изучающим русский язык как иностранный. Основная цель данного комплексного пособия — развитие навыков чтения, аудирования и говорения у иностранных студентов.

Предназначено для владеющих русским языком в объёме базового уровня.

Учебное издание

Зинаида Николаевна Потапурченко
Софья Андреевна Каменская
Алёна Владимировна Трепалина

ПЕРВЫЙ КОСМОНАВТ

Комплексное учебное пособие для изучающих
русский язык как иностранный

Редактор: *Т.И. Лошкарёва*
Корректор: *В.К. Ячковская*
Дизайн обложки: *К.С. Зон-Зам*
Компьютерная вёрстка: *О.А. Замковая*

Формат 84×108/32. Объём 1 п.л. Тираж 1000 экз.
Подписано в печать 17.01.2013. Заказ № 23

Издательство ЗАО «Русский язык». Курсы
125047, г. Москва, 1-я Тверская-Ямская ул., д. 18
Тел./факс: +7 (499) 251-08-45, тел.: +7 (499) 250-48-68
e-mail: ruskursy@gmail.com; rkursy@gmail.com; ruskursy@mail.ru
www.rus-lang.ru

Отпечатано с готового оригинал-макета издательства
в типографии ФГБНУ «Росинформагротех»
141261, пос. Правдинский Московской обл., ул. Лесная, 60

ISBN 978-5-88337-207-9

© Издательство «Русский язык». Курсы, 2010

Репродуцирование (воспроизведение) данного издания любым способом без договора с издательством запрещается.

ПРЕДИСЛОВИЕ

Комплексное учебное пособие «Первый космонавт» для изучающих русский язык как иностранный посвящён жизни и деятельности Юрия Алексеевича Гагарина и входит в серию «Золотые имена России». Он представлен в виде фильма и книги для чтения.

В брошюру включены тексты и задания для студентов, изучающих русский язык как иностранный. Все тексты составлены на основе социально-бытовой, социально-культурной и учебной лексики. Текст фильма соответствует базовому уровню (уровню А2 в соответствии с международной классификацией). Все последующие тексты соответствуют I сертификационному уровню (В1).

Текстовые материалы пособия, основу которых составила информация из газетных публикаций, представляют собой рассказы коллег, друзей и близких Юрия Гагарина. Одновременно знакомя студентов с биографией первого в мире космонавта, они способствуют развитию навыков чтения и понимания русских текстов учащимися на этапе общего владения русским языком как иностранным. После прочтения текста либо его части студентам предлагается выполнить различные задания. Особое внимание уделяется тренировке по развитию речи.

Содержание книги для чтения взаимосвязано с 14-минутным видеофильмом, который входит в учебный комплекс «Первый космонавт». В заданиях есть вопросы, при ответе на которые необходимо использовать видеоматериал. Фильм записан на DVD и предназначен для просмотра на компьютере или DVD-плеере.

Условные обозначения:

— читаем текст, выполняем устные задания;

? — отвечаем на вопросы по прочитанному тексту;

— выполняем письменные упражнения;

— работаем с видеоматериалом.

Посмотрите фильм «Первый космонавт» и прочитайте текст.

ЮРИЙ ГАГАРИН
1934—1968

«Говорит Москва. Передаём сообщение ТАСС о первом в мире полёте человека в космическое пространство. Поехали!»

12 апреля 1961 года весь мир узнал о том, что первый человек в космосе. Этим человеком был гражданин Союза Советских Социалистических Республик Юрий Алексеевич Гагарин.

Люди часто спрашивают, почему именно Гагарин первый полетел в космос, ведь были и другие космонавты. Вот как ответил на этот вопрос главный конструктор космической техники Сергей Павлович Королёв: «Юра был настоящим русским парнем — честным и трудолюбивым, открытым и жизнерадостным, смелым и талантливым. Он очень любил людей».

Так кто же он, первый космонавт мира, чей полёт в космос открыл новую эпоху в истории человечества?

Юрий Алексеевич Гагарин родился 9 марта 1934 года в деревне Клушино, недалеко от города Смоленска. Его отец Алексей Иванович был рабочим, а мать Анна Тимофе-

> Знаете, каким он парнем был,
> Тот, кто тропку звёздную открыл?
> ...Пламень был и гром,
> Замер космодром,
> И сказал негромко он,
>
> Он сказал: «Поехали!»,
> Он взмахнул рукой.
> Словно вдоль по Питерской —
>   Питерской,
> Пронёсся над Землёй...

евна домохозяйкой. Семья Гагарина была большая и очень дружная. У Юрия было два брата и одна сестра.

Когда маленький Юра учился в школе, началась война. Фашистские оккупанты пришли в деревню, в которой жила семья Гагарина, поэтому дети не могли учиться. Только после войны Юрий смог окончить школу. Он сдал все экзамены и поступил в техникум.

Юрий Гагарин был хорошим спортсменом. Он любил хоккей. Занимался волейболом и баскетболом. Каждое утро делал зарядку.

Уже тогда молодой Гагарин интересовался самолётами и хотел стать лётчиком, поэтому он пошёл заниматься в аэроклуб. Юрий был хорошим студентом. Уже через год он первый раз самостоятельно полетел на самолёте.

Когда Гагарин окончил техникум, он два года служил в армии. Он был лётчиком на Севере. Служить там было очень трудно, потому что на Севере суровый климат. Но Юрий Гагарин был смелым и сильным человеком.

В 1959 году Гагарин женился. Его жену звали Валентина Ивановна. Она окончила медицинское училище и работала медсестрой. У Гагарина и его жены Валентины было две дочери: Елена и Галина. Это была очень счастливая семья. В свободное время они вместе гуляли, разговаривали, фотографировались. Позже старшая дочь Гагарина, Елена Юрьевна, окончила исторический факультет МГУ. Сейчас она работает директором музея «Московский Кремль». А младшая дочь Гагарина, Галина Юрьевна, стала экономистом. Она работает в Москве преподавателем академии.

4 октября 1957 года весь мир узнал о первом искусственном спутнике Земли. И люди стали мечтать о полётах человека в космос. Юрий Гагарин тоже хотел полететь в космос. Космонавт должен быть молодым и здоровым человеком. В Москве врачи на медицинской комиссии сказали, что Гагарин здоров и может лететь в космос.

12 апреля 1961 года в 9 часов 7 минут первый космический корабль «Восток» полетел в космос. Он совершил

только один оборот вокруг Земли. Гагарин был в космосе всего 108 минут. Но это была большая победа! Тогда врачи ещё не знали, как будет чувствовать себя человек в космосе. Полёт Гагарина показал, что люди могут жить и работать там. Из космоса Юрий Гагарин увидел, что наша планета Земля очень красивая: она голубая. А на Земле учёные с интересом наблюдали, как Гагарин летает в космосе.

Космический корабль приземлился в поле. Его встречали военные специалисты. Но первым человеком, который увидел Гагарина после его полёта в космос, была маленькая девочка. Она случайно пришла туда с бабушкой.

Потом Гагарин приехал в Москву. Там его встречали политики, журналисты и все москвичи. Юрий Алексеевич сказал: «Рад доложить, что задание правительства выполнил!»

В Москве все поздравляли космонавта, дарили ему цветы, говорили тёплые слова, плакали и смеялись от счастья. Это был настоящий праздник. Русские люди были рады, что первый космонавт мира родился в России. Имя «Юрий» стало самым популярным именем в те годы. А каждый русский мальчик хотел быть космонавтом.

После полёта Гагарин стал самым знаменитым человеком в мире. Его приглашали в гости президенты, короли и лидеры многих стран. Он побывал почти во всех странах мира. Ему давали награды. А в Англии он познакомился с королевой Елизаветой. Она сказала, что Гагарин — это не обычный, земной, а небесный человек.

Юрий Алексеевич написал три книги о космосе: «Дорога в космос», «Вижу Землю» и «Психология и космос». В них можно прочитать о том, что первый космонавт видел и что он чувствовал, когда был далеко от Земли.

Потом Юрий Алексеевич учился в Военно-воздушной инженерной академии, потому что он хотел получить высшее техническое образование. В это время Юрий Алексеевич был очень занят. Он много работал, должен был полететь на Луну. 27 марта 1968 года Гагарин совершал обычный учебный полёт. Во время этого полёта в небе произошла авария. В этот день погиб первый космонавт мира Юрий Алексеевич Гагарин.

Короткая, но яркая жизнь Юрия Гагарина стала примером для молодёжи. Мир никогда не забудет имя первого космонавта. Каждый год 12 апреля мы празднуем Всемирный день авиации и космонавтики, потому что в этот день началась новая эпоха в истории человечества.

Выполните задания после просмотра фильма.

I. Выберите правильный вариант ответа.
1. Гагарин окончил школу ...
   а) до войны
   б) во время войны
   в) после войны
2. После школы Юрий ...
   а) поступил в академию
   б) поступил в техникум
   в) занимался в аэроклубе
3. Жена Гагарина была ...
   а) медсестрой
   б) врачом
   в) домохозяйкой
4. Врачи на медицинской комиссии сказали, что ...
   а) космонавт должен быть молодым и здоровым человеком
   б) человек будет хорошо чувствовать себя в космосе
   в) Гагарин здоров и может лететь в космос
5. Полёт Гагарина показал, что ...
   а) люди могут жить и работать в космосе
   б) планета Земля очень красивая: она голубая
   в) жить и работать в космосе невозможно
6. В Москве первого космонавта встречали ...
   а) друзья, жена и дети
   б) политики, журналисты и все москвичи
   в) военные специалисты

7. Юрий Гагарин 27 марта 1968 года ...
   а) совершал учебный полёт
   б) совершал полёт на Луну
   в) сдавал экзамен в академии
8. Люди празднуют Всемирный день авиации и космонавтики 12 апреля, потому что в этот день ...
   а) родился первый космонавт мира Юрий Гагарин
   б) мир узнал о первом искусственном спутнике Земли
   в) Юрий Гагарин совершил первый полёт в космос

II. Подготовьте краткое сообщение о Юрии Гагарине. Используйте следующие вопросы.

1. Когда весь мир узнал о том, что первый человек побывал в космосе?
2. Где родился и вырос Юрий Гагарин?
3. Где учился будущий космонавт?
4. Какими видами спорта он занимался?
5. В каком возрасте Гагарин заинтересовался авиацией?
6. Когда появился первый искусственный спутник Земли?
7. Где служил Юрий Гагарин?
8. Какой увидел планету Земля Гагарин из космоса?
9. Кто первый встретил Гагарина после приземления?
10. Чем занимался Гагарин после полёта в космос? Как изменилась его жизнь?

Посмотрите фильм «Первый космонавт» ещё раз. После этого выполните задания.

I. Подумайте и скажите:

1. Каким человеком был Юрий Гагарин?
2. Расскажите, что вы узнали о семье Гагарина, его жене, детях? Каким, в вашем представлении, должен быть примерный отец семейства?
3. Как вы считаете, почему именно Юрий Гагарин стал первым космонавтом?
4. Благодаря чему он сделался знаменитым?

II. Поставьте пункты плана в нужном порядке. Расскажите о Гагарине, используя предложенный план.

План:

1. Служба в армии.
2. Учёба в Военно-воздушной инженерной академии.
3. Детство.
4. Полёт в космос.
5. Гибель.
6. Учёба в техникуме.
7. Женитьба.

*III. Вставьте подходящие по смыслу союзы: **почему, потому что, поэтому, что, как**.*

- Люди часто спрашивают, ... именно Юрий Гагарин первый полетел в космос.
- Молодой Гагарин интересовался самолётами и хотел стать лётчиком, ... он пошёл заниматься в аэроклуб.
- Служить там было очень трудно, ... на Севере суровый климат.
- Тогда врачи ещё не знали, ... будет чувствовать себя человек в космосе.
- Русские люди радовались тому, ... первый космонавт мира родился в России.
- Юрий Алексеевич учился в Военно-воздушной инженерной академии, ... он хотел получить высшее техническое образование.

IV. Вспомните содержание фильма «Первый космонавт» и ответьте на вопросы.

1. Расскажите о природе того края, где Юрий Гагарин служил в армии. А вы смогли бы жить и работать в таких природных условиях?
2. Что вы можете сказать о тренировках космонавтов?
3. Каким было душевное состояние Гагарина за несколько минут до старта космического корабля «Восток»?
4. Опишите космический корабль и стартовую площадку.
5. Расскажите о Гагарине в момент его полёта в космос. Что он делал и как ощущал себя в космосе?

📖 **Если вы хотите узнать о Юрии Алексеевиче Гагарине больше, прочитайте следующие тексты. Выучите глаголы, данные в рамке.**

❶

Он был первый! «Первый» — как много значит это слово!

Журналисты с нетерпением задавали Гагарину вопросы уже в самолёте по пути в Москву:

— Вы видели звёзды?

— Конечно видел!

— Вас не смущает слава?

— Это не моя слава. Это слава нашей страны, нашего народа. Я был лишь командиром корабля «Восток».

Да, действительно, он был командиром корабля, и за это люди всего мира наградили его любовью. Ему дарили цветы в Праге и в Будапеште, в Лондоне и в Париже. А сколько людей встречало Гагарина на площадях и улицах столиц, в которых он побывал! Матери давали своим сыновьям его имена. На всех континентах играли, смеялись, ходили в школу мальчики по имени «Юра». Воистину, сын России Юрий Гагарин открыл дорогу к сердцам миллионов людей нашей планеты.

награждать/наградить (*кого? чем?*)
Его наградили медалью.

---

❷

Когда в апреле 1961 года Юрий Гагарин летел в самолёте на космодром Байконур, он сказал друзьям: «Весной мне всегда хочется побывать на родине». Его родина — Смоленский край, там он сделал свои первые шаги, произнёс первые слова. Он родился в простой семье, где от отца к сыну передавались сила характера, любовь к труду и доброта. После войны жить было трудно, но он учился на «отлично». Окончил школу, потом училище. Поступил в техникум в городе Саратове.

В Саратове он однажды услышал, что можно пойти заниматься в аэроклуб. Он с радостью рассказал об этом своим друзьям:

— Ребята! Отличная новость! С четвёртого курса в аэроклуб принимают!

Жить становилось всё интересней. Скоро он первый раз самостоятельно полетел на самолёте:

— Лечу! Лечу! Сам лечу! Вся душа поёт!

Инструктор аэроклуба вспоминал, что терпение и настойчивость помогли Гагарину стать хорошим лётчиком. Он любил небо, любил высоту, любил скорость.

становиться/стать (*кем? каким?*)
Он хотел стать лётчиком.
Стать здоровым.

---

❸

В 1959 году лётчик Юрий Алексеевич Гагарин подал рапорт с просьбой зачислить его в группу будущих космонавтов. Уже через неделю его пригласили в Москву на медицинскую комиссию. Там врачи сказали, что старший лейтенант Гагарин годен к космическим полётам. Он был принят в группу кандидатов в космонавты. Начались тренировки. В характеристике Гагарина написано: «Любит зрелища с активным действием. Есть воля к победе и дух соревнования. Тренировки переносит легко, добивается результатов, отстаивает свою точку зрения. Отношения с женой нежные, товарищеские. Он знает жизнь больше, чем некоторые его друзья. Его любимое слово — "работать"».

К полёту в космос готовилось двадцать молодых лётчиков. Гагарин стал одним из них. Начались тяжёлые месяцы тренировок — учебные полёты на самолётах, прыжки с парашютом, занятия на специальных тренажёрах, работа в лабораториях. Кандидаты в космонавты сильно уставали. Но никто не жаловался, трудности переносили с улыбкой. Наконец, наступил день, когда будущие космонавты впервые увидели космический корабль «Восток».

Ещё никто не знал, кто из космонавтов полетит в космос первым. Позже отобрали группу из шести человек. Их стали готовить по другой, особой программе. А за четыре месяца до полёта всем стало ясно, что в космос полетит именно Гагарин. Никто из руководителей советской космической программы не говорил, что Юрий Алексеевич подготовлен лучше остальных. Но все понимали, что первого космонавта узнает весь мир, он станет лицом государства.

— Конечно, мои товарищи тоже хотели быть первыми. Они были подготовлены не хуже меня, может быть, лучше. Просто мне повезло, — говорил потом Юрий Гагарин.

У Гагарина было чувство высокой ответственности перед товарищами, перед Родиной, перед человечеством. Он не писал стихи, но он жил как поэт.

> **добиваться/добиться** (*чего?*)
> Добиваться хорошего результата.

❹

Экзамен на знание космической техники принимал лично академик Сергей Павлович Королёв. Он любил повторять: «Если вы думаете, что готовы к полёту, значит, вы ещё не готовы к нему». Вот что Королёв сказал о Гагарине:

— Юра был настоящим русским парнем — честным и открытым, весёлым и доброжелательным. Он очень любил людей.

О полётах в космос тогда говорили везде. Люди издавна мечтали об освоении космического пространства. Человек, который первым полетит к звёздам, должен был осуществить эту мечту. Таким человеком суждено стать Юрию Гагарину. Ему будет доверена миссия первооткрывателя космоса.

> **осуществлять/осуществить** (*что?*)
> **осуществляться/осуществиться** (*чему?*)
> Осуществить свою мечту; мечта осуществилась.

❺

Наступил день полёта. Гагарин вспоминает:

— Все доктора думали, что я в эту ночь не буду спать. Но я спал хорошо. Не спали сами доктора, они очень волновались. Когда меня разбудили, было уже светло. Солнце встало, по небу плыли небольшие белые облака. Утро 12 апреля 1961 года было хорошим, солнечным. Врачи ещё раз осмотрели меня и написали, что состояние моего здоровья было удовлетворительным. Всё было как обычно.

Специальный автобус отправился к стартовой площадке космодрома. Все волновались, насколько надёжен корабль, — ведь это был первый в мире полёт. Позволит ли природа одержать победу над собой и доказать могущество человеческого разума?

— К старту готов! — сообщил Гагарин по радио.
— Внимание! Минутная готовность! Ключ на старт! — скомандовал Королёв.
— Есть ключ на старт! — последовал ответ.
— Зажигание!
— Есть зажигание!

Ракета начала двигаться.

— Мы желаем Вам доброго полёта! — напутствовал Гагарина Королёв.

Один из космонавтов вспоминал:
— Я смотрел, как идёт ракета. Всё было хорошо. Скоро мы услышали голос Юры: «Выхожу на орбиту!» Я подумал: «Как же так, он только что был здесь — и уже на орбите!»

доказывать/доказать (*что? кому?*)
Доказывать свою правоту друзьям.
Доказать теорему.

13

❻

Миллионы людей могли видеть и слышать первого космонавта не только в нашей стране. Впервые в те дни телевидение транслировало встречи с Гагариным, пресс-конференции с ним во всех странах Европы. В Лондоне собралось две тысячи журналистов! Его спрашивали:

— Если правительство Вашей страны послало Вас, семейного человека, отца двоих детей в космос, значит, оно было уверено в успехе?

Гагарин отвечал:

— В том, что полёт пройдёт успешно, никто не сомневался — ни правительство, ни учёные, ни инженеры. И я тоже не сомневался! Я рад и горжусь тем, что мне доверили этот полёт.

не сомневаться (*в чём?*)
Не сомневаться в успехе.

---

❼

Как же нужен был людям подвиг Гагарина! Во Франции газеты писали: «Честь и хвала русским! Они как мореплаватели XVI века разбудили наше воображение!»

«Хорошо! Хорошо, Гагарин!» — встречали его песней в Японии. Это был настоящий праздник! Люди всего мира хотя бы на время забыли свои повседневные заботы и тревоги.

Юрий Гагарин был уверен: космонавтика — это наука, которая всё больше и больше будет входить в нашу жизнь и обогащать все области человеческих знаний. Он хотел, чтобы учёные всего земного шара работали в более тесном контакте.

— Я готов в любое время лететь в космос в одном корабле вместе с представителями любой страны, любой нации, — говорил Гагарин. — Все мы очень хотим летать. Летать мы будем много и далеко. Правильно поётся в песне: «До самой далёкой планеты не так уж, друзья, далеко»! Слетаем — посмотрим!

8

Информация, которую собрали и доставили на Землю космонавты, — это бесценный вклад в науку. Но у подвига наших космонавтов есть и другой результат. Они по-новому заставили нас оценить человеческий разум — это настоящее чудо! В трудных обстоятельствах они продемонстрировали чувство высокой ответственности. Их благородство и сила духа не знают себе равных! А Юрий Гагарин был первым космонавтом, и его талантливая жизнь стала идеалом, который так необходим людям.

> *кого* **заставлять/заставить** (*что делать?*)
> Заставлять ребёнка делать уроки.

📖 **После чтения выполните задания.**

I. Подготовьте краткое сообщение о Юрии Гагарине.

1. Что нового вы узнали о Гагарине из прочитанных текстов?
2. Что рассказали о нём жена, инструктор авиаклуба, академик С.П. Королёв?
3. Как Гагарин готовился к первому полёту в космос?
4. Расскажите, каким образом родные Гагарина узнали о том, что Юрий Алексеевич был в космосе?
5. Что сам космонавт рассказывал о полёте?
6. Как встречали первого космонавта после полёта в других странах?
7. Что доказал полёт Гагарина людям всего мира?

II. Объясните, как вы понимаете значение следующих выражений:

- «Это не моя слава. Это слава нашей страны, нашего народа. Я был лишь командиром корабля "Восток"».
- «Лечу! Лечу! Сам лечу! Вся душа поёт!»
- «Честь и хвала русским! Они как мореплаватели XVI века разбудили наше воображение!»
- Что, по-вашему, означает выражение «был настоящим русским парнем»?

✎ *III. Выберите однокоренные слова из списка. Объясните их значение. Составьте и запишите предложения с этими словами.*

Учёба, летать, космос, учебный, учить, лётчик, прилёт, космодром, учиться, полёт, училище, обучение, космический, изучение, самолёт, космонавт, вылет, космонавтика.

📖 **Прочитайте о том, что рассказали о Юрии Гагарине люди, которые знали его. Ответьте на вопросы. Запомните глаголы в рамке.**

Николай Петрович Каманин, один из руководителей подготовки космонавтов:

— Юра очень любил русские песни — его магнитофон работал непрерывно. Даже перед полётом Гагарин слушал свою любимую кассету. Я помню, как он сидел напротив меня и говорил: «Завтра лететь, а я до сих пор не верю, что полечу, и сам удивляюсь, что совсем спокоен».

День 12 апреля 1961 года человечество никогда не забудет, а имя Гагарина навеки впишется в историю и будет одним из самых известных.

? *О какой черте характера Юрия Гагарина говорил Н.П. Каманин?*

> **удивляться/удивиться** (*чему?*)
> Чему тут удивляться?

Нил Армстронг, лётчик-космонавт США: «Гагарин всех нас позвал в космос».

? *Что вы знаете о Ниле Армстронге? Что он совершил?*

Алан Паркер, британский режиссёр:

— Когда Гагарин взлетел в космос, мы все пережили шок. Это было что-то немыслимое. Его полёт — потрясающее достижение советской науки. Американцы потратили много денег, чтобы изготовить ручку, которой можно писать в космосе. А русские решили этот вопрос очень просто: они использовали карандаш.

Мне давно хочется снять фильм о Юрии Гагарине и рассказать о том, что люди в Европе думают о нём.

? *Какие фильмы о космонавтах вы видели?*

> **тратить/потратить** (*что? на что?*)
> Потратить деньги на книги.

Марк Лазаревич Галлай, лётчик-испытатель, писатель:
— Гагарин был умён от природы, иначе никакой опыт не научил бы его хорошо понимать людей. У него было чувство собственного достоинства и чувство юмора. Понимание человеческой психологии помогало ему во время поездок по странам мира. Юрия везде встречали как дома. Иначе и быть не могло. Первый в истории космонавт принадлежит не только своей стране, но и всему человечеству!

Я понял, что Королёв не ошибся, выбрав Гагарина. Юра покорял сердца людей своей доброжелательной улыбкой, скромностью и простотой. Если говорить о первом полёте человека в космос, то именно такой космонавт, как Гагарин, нужен был человечеству.

? *Как вы понимаете смысл выражения: «Его везде встречали как дома?».*

Олег Георгиевич Газенко, врач, академик Российской академии наук:

— Мне было очень интересно разговаривать с Гагариным после полёта. Как врач, я интересовался всем, что он видел, делал и что он чувствовал в космосе.

Самое удивительное, что он ничего не приукрашивал. Я думаю, что там, в космосе, у него не было никакого эмоционального шока. Это потом придумали журналисты. Гагарин просто хорошо и профессионально выполнил свою работу. В песне поётся: «Знаете, каким он парнем был?» Он был добрым человеком, открытым и откровенным. Юрий никогда не показывал, что хочет стать первым: надо — слетаю и сделаю всё, чему меня научили.

И учёные, и врачи, и простые люди после первого полёта перестали бояться космоса. До этого все думали, что космический полёт сопряжён с огромным риском для жизни. Юрий Гагарин доказал: летать в космос можно. Человек способен управлять полётом, и с этих пор был дан старт всем космическим открытиям. Эра космоса началась. Весь мир уважает и ценит его подвиг.

? *Объясните, каков вклад Гагарина в развитие науки о космосе.*

Борис Валентинович Волынов, лётчик-космонавт:

— Я познакомился с Ю. А. Гагариным в марте 1960 года, когда в нашей стране был создан первый отряд космонавтов. Юрий Гагарин был особенным человеком: с весёлым характером, добрым сердцем. Он трудолюбив, целеустремлён, готов помочь своим товарищам.

Особое место в жизни Юрия занимала его семья: любимая жена Валентина Ивановна и дочери Лена и Галя. Их семья была очень дружная. Мы приходили к Юрию, когда у нас были трудности. Он всегда помогал нам, находил добрые слова, шутил. В итоге грустное настроение менялось, и проблемы казались уже не такими серьёзными.

У Юрия было редкое свойство: умение согревать своим душевным теплом. Помню, как однажды нас пригласили на охоту. Там, конечно, было приготовлено богатое угощение. Весь вечер Юрий с юмором отвечал на вопросы гостей, рассказывал разные истории, но сам поесть не успел и остался голодным. Меня всегда удивляли его скромность и совестливость.

После космического полёта жизнь Гагарина изменилась. И хотя у Юрия не было ни одной лишней свободной минуты, для друзей он всегда находил время.

? *Как относился к людям Юрий Гагарин? О каких ещё качествах характера первого космонавта вы узнали из прочитанного отрывка?*

успевать/успеть (*куда? что сделать?*)
Не успел на работу; не успел поесть.

Анатолий Григорьевич Утыльев, помощник начальника НИИ авиационной и космической медицины, рассказал о встрече двух «звёзд», двух народных любимцев — Юрия Гагарина и Владимира Высоцкого:

— Однажды утром первого января ко мне в гости пришёл Гагарин. В доме все ещё спали после шумной новогодней ночи, но я по привычке встал рано. «Знаешь, — сказал Юра, — мне вчера подарили кассету — какой-то парень так хорошо поёт! Давай послушаем». Я сказал Гагарину, что знаком с этим человеком. Это актёр и певец Владимир Высоцкий. Юра попросил познакомить его с этим певцом. Скоро они встретились и сразу прониклись симпатией друг к другу. Юра сказал, что песни Володи производят на него сильное впечатление. В тот день Высоцкий спел много песен. Они решили встречаться почаще. Но, по-моему, больше Юра и Володя так и не видели друг друга.

? *Известно ли вам, кто такой Владимир Высоцкий? Что, по-вашему мнению, делает человека знаменитым?*

Павел Романович Попович, лётчик-космонавт:

— Помню, Юрий рассказывал о своей встрече с английской королевой. Сидят они за столом один на один. Перед Гагариным слева и справа лежат столовые приборы. И ещё один прибор лежит перед тарелкой. «Сижу я, — рассказывал Гагарин, — и не могу понять: с чего начинать? Ну, думаю, посмотрю, с чего начнёт королева, и сделаю то же самое. А она сидит, смотрит на меня и улыбается. Тогда я говорю: «Ваше Величество, я простой лётчик, которых у Вас тоже много, и меня не учили, как всем этим пользоваться». А она мне говорит: «Мистер Гагарин, я воспитывалась в Букингемском дворце, но я тоже не знаю, с чего начать, давайте есть, как удобно каждому из нас».

? Что вы знаете об этикете за столом?

воспитывать/воспитать (*кого?*)
Мать воспитывает ребёнка.

воспитываться/воспитаться (*кем? где?*)
Ребёнок воспитывается няней. Он воспитывался в детском саду.

📖 Прочитайте, что рассказали о Гагарине его одноклассник и родные, а затем ответьте на вопросы.

Лев Николаевич Толкалин, профессор Тульского государственного университета, одноклассник Юрия Гагарина:

— Когда-то первый космонавт планеты был просто Юркой Гагариным. Занимался спортом, влюблялся. Мы познакомились с ним на школьном дворе. Там мы играли в футбол. А подружились мы потому, что оба любили технику и всегда проводили время на городской электростанции.

Мы учились в одном классе, вместе занимались фотографией, интересовались радио. У нас были прекрасные учителя. Преподавательница русского языка и литературы ставила в школьном театре спектакли. Юра играл главные роли. А наш учитель физики организовал авиационный кружок, который мы с Юркой посещали с удовольствием.

В то время мальчишки мечтали получить хорошую специальность, работать в конструкторских бюро, на заводах, создавать технику или служить в армии. После шестого класса Юра пошёл в училище. А я окончил десять классов и поступил в институт. Потом мы встречались на каникулах. До и после полёта в космос Гагарин много раз бывал в родных местах. Помню, я позвонил ему домой. Он обрадовался:

— Лёвка, я тебя давно не видел!

— Да как-то неудобно тебя беспокоить, ты теперь великий и очень занят, — ответил я.

— Вы для меня как были родные, так и останетесь! Бросай всё и приезжай! — сказал он.

? *Почему Лёва и Юра подружились? Чем они интересовались в юности?*

организовывать/организовать (что?)
Организовать собрание, концерт.

Валентина Ивановна Гагарина, жена первого космонавта:

— Он был обычный, простой и весёлый. Я не сразу поверила, что Юрий Гагарин — это моя судьба. Сначала он мне не очень понравился: невысокий, худой, голова большая, волосы короткие. Говорил быстро. Однажды, когда он прощался со мной после танцев, сказал: «До следующего воскресенья! Пойдём на лыжах». «Почему я должна с ним идти на лыжах? — подумала я. — Какой самоуверенный!» В следующее воскресенье мы пошли не на лыжах, а в кино. Потом у нас было много встреч и разговоров по душам. А осенью 1957 года у нас состоялась свадьба.

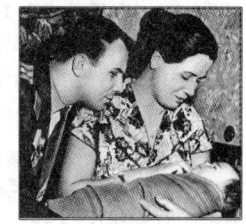

Когда Юра получил диплом, он поехал служить на Север. А через год я приехала к нему. В 1960-м мы переехали в Москву. Юру зачислили в Первый отряд космонавтов. Он часто уезжал в командировки и всегда писал оттуда письма: «Знаешь, Валюша, к одному из наших товарищей приехала жена. Позавидовал и расстроился. Ну ничего, наша встреча будет лучше!»

? *Каким было первое впечатление Валентины Ивановны о Гагарине? Как вы думаете, насколько важно первое впечатление о человеке? Вспомните то, что вам уже известно о встрече Гагарина и его будущей жены.*

прощаться/проститься (*с кем?*)
Проститься с девушкой.

Галина Юрьевна Гагарина, дочь первого космонавта мира:
— Мне было семь лет, когда погиб мой отец. Но я хорошо помню, как было весело, когда он приезжал домой на Новый год. Он придумывал всем костюмы, одевался сам — изображал разных героев. Очень любил шутить. Весной 1961-го он танцевал со мной и пел: «Галя, Галинка, милая картинка!». Потом он уехал на Байконур. За два дня до полёта написал маме письмо: «В технику я верю. Но всякое может быть. Если что-то случится, береги девочек, вырасти из них настоящих людей. Крепко вас обнимаю и целую. С приветом ваш папа Юра». О полёте отца в космос мама узнала от соседки. Потом пришёл друг папы и сказал: «Валя, не волнуйся, всё в порядке».

Мама увидела отца уже на Красной площади. А поговорить друг с другом они смогли только через несколько дней. Отец сказал: «Я даже не думал, что будет такая встреча. Ну слетаю, ну вернусь, а что вот та-ак?!»

В двадцать шесть лет отец стал самым известным человеком в мире — Колумбом Космоса, Сыном Земли, Гражданином Вселенной. А мы с сестрой называли его просто «папуля».

Наш день всегда начинался с гимнастики. Папа поднимал нас рано. И мы делали зарядку — сорок минут каждый день. Когда мне было пять лет, он научил меня кататься на велосипеде. Я падала, он меня поднимал и говорил: «Вперёд!» Я не плакала. Плакать было нельзя.

Папа был очень занят, но для нас он всегда находил время. Мы с сестрой были такими разными! Лену отец называл Профессором, а меня — Чижиком.

Родители при нас никогда не ссорились. Когда в гости приходили взрослые, мы сидели в своей комнате. Если нам разрешали войти, мы здоровались, а потом уходили к себе. У нас была своя жизнь, а у родителей — своя. Но когда к ним приезжали друзья с детьми, мы всегда были вместе.

Однажды моя дочь Екатерина сказала, что наша бабушка Валя — самая счастливая, потому что она встретила такого человека, как дедушка. И он стал её мужем.

обнимать/обнять (*кого?*)
Мать обнимает ребёнка.

обниматься/обняться (*с кем?*)
Обняться с другом.

ссориться/поссориться (*с кем? из-за чего?*)
Поссорился с другом из-за девушки.

📖 **Прочитайте текст «Дорога в космос». Ответьте на вопросы.**

ДОРОГА В КОСМОС

Я посмотрел на часы. Было девять часов семь минут по московскому времени. Я почувствовал, как корабль начал медленно двигаться. Двигатели ракеты создавали музыку будущего, наверное, ещё более прекрасную, чем великие творения прошлого.

Я почувствовал, что рукой и ногой пошевелить трудно. Но я знал, что это состояние продлится недолго.

По рации я услышал:

— Прошло семьдесят секунд с начала полёта.

Я ответил:

— Понял вас: семьдесят. Самочувствие отличное. Всё хорошо.

Ответил, а сам подумал: «Неужели только семьдесят секунд? Секунды длинные, как минуты».

С Землёй у меня была отличная связь. Я слышал голоса товарищей так хорошо, как будто они находились рядом.

В иллюминаторах показалась далёкая Земля.

«Красота-то какая!» — подумал я, но ничего не сказал. Моя задача — передавать на Землю деловую информацию.

Корабль вышел на орбиту. Наступила невесомость — то самое состояние, о котором ещё в детстве я читал в книгах К.Э. Циолковского.

Невесомость — это необычное явление для жителей Земли. И руки, и ноги, и всё тело казались мне совсем не моими. Они ничего не весили.

Из иллюминатора Земля была голубая. Затем этот цвет постепенно темнел, становился синим, потом фиолетовым и переходил в чёрный. Этот переход был очень красивым и радовал глаз. Какая цветовая гамма! Как на полотнах художника Рериха!

Я сверился с графиком полёта. Время выдерживалось точно. «Восток» шёл со скоростью двадцать восемь тысяч километров в час. Такую скорость трудно представить на Земле.

Я не чувствовал во время полёта ни голода, ни жажды. Но, по программе, в определённое время поел и выпил воды. Ел как обычно, только одна проблема — нельзя было широко открывать рот. И, хотя я знал, что за состоянием моего организма наблюдают с Земли, я иногда прислушивался к собственному сердцу. В условиях невесомости самочувствие было прекрасным, мышление и работоспособность сохранялись полностью.

Я всматривался в окружающий меня мир, стараясь всё разглядеть, понять и осмыслить. В иллюминаторы были видны яркие холодные звёзды. До них было ещё очень далеко, может быть, десятки лет полёта, и все же с орбиты они казались значительно ближе, чем с Земли. Было радостно и немного страшно от сознания того, что мне доверили космический корабль — великое сокровище государства, в которое вложено так много труда и народных денег.

В десять часов двадцать пять минут произошло автоматическое включение тормозного устройства. Оно сработало отлично, в заданное время.

Было ясно, что все системы сработали отлично и корабль идёт в нужный район приземления. От радости я громко запел любимую песню: «Родина слышит, Родина знает...».

Я приготовился к посадке.

Десять тысяч метров... Девять тысяч... Восемь... Семь...

Внизу я увидел серебряную сверкавшую ленту и сразу узнал великую русскую реку Волгу, над берегами которой меня учил летать мой инструктор Дмитрий Павлович Мартьянов.

В десять часов пятьдесят пять минут «Восток» опустился неподалёку от деревни Смеловка. Я увидел женщину с девочкой, которые с изумлением наблюдали за мной. Пошёл к ним. Я всё ещё был в ярко-оранжевом скафандре, и его необычный вид испугал их. Ничего подобного они не видели.

Тут я начал кричать:

— Свой, свой я, ...не бойтесь, ...идите сюда!

В скафандре идти было неудобно, но я все-таки шёл к ним. Подошёл, сказал, что я советский человек, прилетел из космоса.

Потом к нам подбежали механизаторы. Они слушали радио и знали, что происходит.

— Это Юрий Гагарин! Это Юрий Гагарин! — закричал один из них.

Скоро за мной прилетел вертолёт.

Сразу после возвращения из космоса на Землю произошло много радостных встреч со знакомыми и незнакомыми людьми. Все были для меня близкими и родными. Особенно трогательным было свидание с Германом Титовым, который вместе с другими товарищами прилетел на самолёте с космодрома. Мы обнялись.

— Доволен? — спросил он.

— Очень, — ответил я, — ты тоже будешь доволен, когда вернёшься из космоса.

Ему очень хотелось обо всём расспросить меня, а мне очень хотелось обо всём рассказать ему, но врачи сказали, что я должен отдыхать.

(по книге Ю. Гагарина «Дорога в космос»)

? 1. О чём Гагарин думал, находясь в космосе? Дайте словесное описание состояния невесомости.
2. Что Гагарин говорит о Земле, о Солнце и звёздах?
3. Как вы думаете, почему Гагарин после полёта сказал: «Все были для меня близкими и родными»?
4. Что имел в виду Гагарин, сказав Герману Титову: «Ты тоже будешь доволен, когда вернёшься из космоса»?
5. Представьте себя на месте Гагарина в момент полёта в космос. О чём бы вы думали?

Прочитайте следующий текст. Ответьте на вопросы.

ГЛАВНЫЙ КОНСТРУКТОР

Люди всегда интересовались космосом. Наверное, ещё тысячи лет назад, человек смотрел на ночное небо, и мечтал о полётах к звёздам. Но только в XX веке это стало возможным. Сегодня мы все привыкли слышать слова «искусственный спутник Земли», «фотографии Луны», «международная космическая станция» и даже «космический туризм». Всё это стало возможным благодаря работе учёных, конструкторов, врачей и других специалистов. Одним из них был известный авиаконструктор Сергей Павлович Королёв*.

С именем Королёва связана целая эпоха в истории космонавтики. Под его руководством был создан первый космический комплекс, запущены первые в мире космические корабли «Восток» и «Восход», на которых человек совершил первые полёты в космос и вышел в открытое космическое пространство. Под руководством Королёва разработаны и построены первые межпланетные аппараты «Луна», «Венера», «Марс», искусственные спутники Земли, разработан проект космического корабля «Союз».

Сергей Павлович Королёв родился в 1907 году. Его родители были учителями. С детства он увлекался техникой. Особенно Королёва интересовала авиация. Уже в семнадцать лет он самостоятельно разработал проект самолёта.

Затем Королёв поступил в университет. Там он изучал авиацию, сначала в Киеве, а потом в Москве. Уже в студенческие годы о Королёве говорили как о способном молодом авиаконструкторе и опытном планеристе. У него всегда было много интересных идей, которые он не боялся воплощать в жизнь. Студент Королёв спроектировал и построил несколько самолётов и планеров. Все они отлично выдержали испытания.

Но особенно Королёва интересовало реактивное движение. В 1931 году в Москве он организовал группу для изучения реактивного движения. Затем Королёв руководил коллективом, который создавал и испытывал первые ракеты. Скоро Сергей Павлович стал главным конструктором ракетных двигателей, а позже и всей ракетной техники нашей страны.

В 1954 году Королёв выдвинул смелое предложение — создать искусственный спутник Земли. Сергей Павлович сумел убедить правительство в том, что это необходимо для развития науки. Спутник был создан, и с 1957 года

* **Королёв Сергей Павлович** (1907–1996) — учёный, конструктор ракетно-космических систем, академик.

Королёв руководил запуском всех советских искусственных спутников Земли.

Главный конструктор был очень энергичным, трудолюбивым и ответственным человеком. Космические исследования были для него не просто работой — они были смыслом его жизни. Сергей Павлович был не только талантливым конструктором, он был гениальным учёным. Его идеи намного опережали время. То что обычным людям казалось фантастикой, для Королёва могло стать реальностью.

В 1950–1960 годы Королёв разрабатывал космические летательные аппараты, участвовал в строительстве первого в мире космодрома Байконур и в подготовке будущих космонавтов к полётам. Для молодых космонавтов он был как отец — относился к ним с теплотой и нежностью, переживал и волновался за каждого из них. Сергей Павлович всегда присутствовал на их тренировках, следил за тем, как шла подготовка к полётам. Он считал, что отвечает за каждого космонавта как за родного сына.

В 1961 году под руководством Королёва был осуществлён первый полёт человека в космос. Во время этого полёта Королёв волновался больше, чем сам космонавт Юрий Гагарин. У Королёва с Гагариным были очень хорошие, дружеские отношения. Во время работы они всегда поддерживали друг друга, много шутили, смеялись. Известно, что после гибели Юрия Алексеевича в кармане его куртки нашли фотографию С.П. Королёва.

До конца своей жизни все силы Королёв отдавал развитию ракетно-космической техники. С.П. Королёв много помогал людям, был добрым и отзывчивым человеком. К нему всегда можно было обратиться с просьбой. Он никому не отказывал. Но в работе Сергей Павлович был очень требовательным и строгим. Он не любил безответственных, равнодушных и ленивых людей. Сам Королёв почти никогда не отдыхал, вся его жизнь проходила в работе. После того как первый полёт человека в космос осуществился, Королёв начал мечтать о полёте на Луну.

Но осуществиться его грандиозным планам помешала ранняя смерть.

А ещё говорят, что известный конструктор любил подолгу смотреть в небо. Там были его мечты, его планы, его надежды. В небе была вся его жизнь.

? 1. Почему С.П. Королёва называют «отцом русского ракетостроения»?
2. Чем интересовался Королёв в студенческие годы?
3. Каким учёным был Королёв и почему?
4. Как Королёв относился к космонавтам?
5. Какие качества характера в человеке Королёв не выносил? Как вы думаете, почему?
6. Объясните значение выражения: «в небе была вся его жизнь».
7. Какую роль сыграл С.П. Королёв в деле освоения космического пространства?

Интересные факты

Не ракетоплан, не космолёт, а космический корабль. Почему?

— А почему бы и нет, — сказал однажды Королёв, — есть морские, есть речные и воздушные корабли — теперь появятся космические корабли!

Так было принято историческое решение: назвать проект «Космическим кораблём».

***

По воспоминаниям Натальи Сергеевны Королёвой, дочери С.П. Королева:

— Однажды, когда мне было десять лет, я получила в подарок книгу Жюль Верна «Из пушки на Луну». Отец вдруг сказал, что скоро придёт время, когда такой полёт станет возможным. Я решила, что это шутка. При нашей жизни такого быть не может! Но отец очень серьёзно ответил: «Запомни этот день и наш разговор. Полёт на Луну обязательно состоится при нашей жизни».

📖 **Прочитайте текст и перескажите его.**

ПОЛЁТЫ ЖИВОТНЫХ В КОСМОС

Не секрет, что первым в космос полетел не человек. Ещё до него в космосе побывала собака, и не одна, а около двадцати. Говорят, что Гагарин шутил: «До сих пор не пойму, кто я: "первый человек" или "последняя собака"».

Для экспериментов учёные брали молодых собак. Обычно выбирали тех, у которых была короткая белая шерсть, чтобы при видеозаписи животных было видно чётко. Этих собак очень серьёзно готовили к полёту: их много месяцев тренировали в лабораториях.

К сожалению, не все собаки выжили в трудных условиях космоса. Примерно половина из них погибла. Первой вышла на орбиту собака Лайка. Учёные получили сигнал, что собака вышла в космос живой. Но вскоре сигналы перестали поступать. Скорее всего, Лайка погибла от перегрева и стресса. Люди до сих пор не забыли о ней. Благодаря этому уникальному полёту Лайка стала одной из самых знаменитых собак в мире. Упоминание о ней есть на памятной таблице в Звёздном городке, где перечислены имена погибших космонавтов. И сегодня о Лайке пишут книги, стихи и сочиняют песни.

Только через три года после гибели Лайки учёные решили вновь отправить на орбиту собак — и на этот раз вернуть их назад на Землю. Белка и Стрелка провели в космосе 25 часов и вернулись на Землю настоящими знаменитостями. Одного из щенков Стрелки Никита Сергеевич Хрущёв подарил первой леди США — Жаклин Кеннеди.

Всего в космосе побывало около сорока собак. В космос летали также мухи, крысы, мыши и обезьяны. Все они помогли человеку в освоении космического пространства.

> **выбирать/выбрать** (что?)
> Выберите тему сочинения.
> **выживать/выжить** (где?)
> Выжить в трудных условиях.

📖 **Прочитайте текст. Расскажите, книги каких писателей-фантастов вы читали.**

«МЫ РОЖДЕНЫ, ЧТОБ СКАЗКУ СДЕЛАТЬ БЫЛЬЮ...»
(Марш советских авиаторов)

Учёные говорят, что фантастика — это «модель вымышленной действительности». Она помогает увидеть завтрашний день.

Известный французский писатель-фантаст Жюль Верн ещё в XIX веке предсказал не только подводные лодки, искусственные спутники, но и управляемые ракеты и даже космические путешествия. В своих романах Жюль Верн точно описал будущую историю космических полётов.

Интересно, что и у Жюля Верна в космос сначала полетели тоже животные — кот и белка. В действительности первыми в космос отправились собаки.

Хотя алюминий в XIX веке стоил очень дорого, Жюль Верн предсказал, что именно этот металл в будущем люди будут широко использовать как на земле, так и в космосе. Космический корабль в романе Жюля Верна был сделан из алюминия.

О полёте на Луну Жюль Верн говорил ещё в 1865 году в романе «Из пушки на Луну». Там он описал не только размеры ракеты, но и точное место её старта и даже экипаж — три человека.

Полёт на Луну предсказал также и Герберт Джордж Уэллс в своём романе «Первые люди на Луне», который вышел в свет в 1901 году. А в одном из рассказов Уэллса речь идёт о телевизионной передаче с Марса на Землю. Совсем недавно такая передача действительно состоялась.

Популярный английский фантаст Артур Кларк, автор сценария фильма «Космическая одиссея», задолго до того, как космические полёты стали реальностью, тоже верил, что люди до 2000 года обязательно полетят на Луну. Так и случилось. В 1969–1972 годах американские астронавты шесть раз побывали на Луне.

Многие фантастические идеи русского писателя Александра Беляева сегодня тоже уже реальность. В романе «Звезда КЭЦ»**, напечатанном в 1936 году, Беляев описывает постоянно действующую космическую станцию. Эта мечта писателя давно уже осуществилась. Мы хорошо помним орбитальные станции «Мир» и «Салют». В наше время действует международная космическая станция, на которой постоянно живут и работают люди.

Предсказания писателей поражают наше воображение! Действительно, фантазии человека нет предела!

предсказывать/предсказать (*что?*)
Предсказать погоду, экономический кризис.
предсказание (*чьё? чего?*)
Предсказания учёных осуществились; предсказание полёта на Луну.

** КЭЦ — Константин Эдуардович Циолковский, учёный, изобретатель.